Und jetzt geht wieder alles von hinten los.

Matti, 4

MITTWOCH, 1. JANUAR

Das beste Geschenk:
Kinder wissen alles
Ein Kalender von Diogenes

Das Essen aus dem Kühlschrank schmeckt mir besser als das aus dem Supermarkt.

Anna, 6

DONNERSTAG, 2. JANUAR

Das beste Geschenk:
Kinder wissen alles
Ein Kalender von Diogenes

Was bin ich?
Anstrengend!

Felix, 3

FREITAG, 3. JANUAR

Das beste Geschenk:
Kinder wissen alles
Ein Kalender von Diogenes

Gell, Mama, über die da reden wir dann daheim.

Emily, 5

SAMSTAG, 4. JANUAR

Das beste Geschenk:
Kinder wissen alles
Ein Kalender von Diogenes

Wenn man es sehen möchte, dann möchte man es sehen.

Elliot, 5

SONNTAG, 5. JANUAR

Das beste Geschenk:
Kinder wissen alles
Ein Kalender von Diogenes

Ich habe
die Weltkugel
verändert,
sie hüpft jetzt.

Keren, 4

MONTAG, 6. JANUAR

Das beste Geschenk:
Kinder wissen alles
Ein Kalender von Diogenes

Papa, wieso hast du keine Haare?

Emma, 2

DIENSTAG, 7. JANUAR

Das beste Geschenk:
Kinder wissen alles
Ein Kalender von Diogenes

Leise ist gut,
aber laut
ist besser.

Helen, 2

MITTWOCH, 8. JANUAR

Das beste Geschenk:
Kinder wissen alles
Ein Kalender von Diogenes

Hallöchen, liebe Fische, wo auch immer ihr seid.

Lorenz, 4

DONNERSTAG, 9. JANUAR

Das beste Geschenk:
Kinder wissen alles
Ein Kalender von Diogenes

Hast du auch eine Großmutter?

Nein, eine kleine.

Rebecca, 5

FREITAG, 10. JANUAR

Das beste Geschenk:
Kinder wissen alles
Ein Kalender von Diogenes

Kinder wissen alles – bestimmt auch in Ihrer Umgebung. Wenn Sie etwas Kluges oder Lustiges aufschnappen, senden Sie den Satz bitte an: kalender@diogenes.ch

Die Einsendung gilt als Einverständnis,
in einer zukünftigen Kalender- oder Buchausgabe
abgedruckt zu werden, möglicherweise gekürzt
oder vereinfacht. Eine Veröffentlichung
kann der Verlag nicht garantieren.
Nennen Sie uns zu dem Satz bitte den Vornamen
des Kindes oder ein Pseudonym, das Alter und,
wenn Sie ein Belegexemplar wünschen,
die Postadresse.

Das ist kein Interesse, das ist eine Faszination!

Jacques, 5

SAMSTAG, 11. JANUAR

Das beste Geschenk:
Kinder wissen alles
Ein Kalender von Diogenes

Ich möchte heute etwas frühstücken, das mit ›A‹ beginnt … ein Ei!

Malia, 4

SONNTAG, 12. JANUAR

Das beste Geschenk:
Kinder wissen alles
Ein Kalender von Diogenes

Mama,
wenn du
tot bist, krieg
ich dann dein
Portemonnaie?

Clara, 6

MONTAG, 13. JANUAR

Das beste Geschenk:
Kinder wissen alles
Ein Kalender von Diogenes

Als es noch keine Computer gab, wie seid ihr da ins Internet gekommen?

Daniel, 5

Das beste Geschenk:
Kinder wissen alles
Ein Kalender von Diogenes

Ich schmatze nicht, ich kaue einfach laut.

Ben, 8

MITTWOCH, 15. JANUAR

Das beste Geschenk:
Kinder wissen alles
Ein Kalender von Diogenes

Das glaub ich mir.

Ada, 2

DONNERSTAG, 16. JANUAR

Das beste Geschenk:
Kinder wissen alles
Ein Kalender von Diogenes

Auch als Erwachsener kann man ein Kind sein.

Frederik, 9

FREITAG, 17. JANUAR

Das beste Geschenk:
Kinder wissen alles
Ein Kalender von Diogenes

Oh, da hat
mein Bauch
in meinen
Mund gepupst!

Mika, 5

SAMSTAG, 18. JANUAR

Das beste Geschenk:
Kinder wissen alles
Ein Kalender von Diogenes

Ich habe das Gefühl, dass ich weinen muss, ich habe warme Augen.

Sophia, 5

SONNTAG, 19. JANUAR

Das beste Geschenk:
Kinder wissen alles
Ein Kalender von Diogenes

Ich muss
jetzt dringend
arbeiten.
Ich habe eine
Besprechung
mit Kollegen.

Felix, 4

MONTAG, 20. JANUAR

Das beste Geschenk:
Kinder wissen alles
Ein Kalender von Diogenes

Das ist
eine längere
Geschichte,
da brauch ich
einen Stuhl.

Marleen, 7

DIENSTAG, 21. JANUAR

Das beste Geschenk:
Kinder wissen alles
Ein Kalender von Diogenes

Wenn ich
groß bin,
werd ich …
mittagessen.

Jon, 2

MITTWOCH, 22. JANUAR

Das beste Geschenk:
Kinder wissen alles
Ein Kalender von Diogenes

Nur eins!

Lotta, 1

DONNERSTAG, 23. JANUAR

Das beste Geschenk:
Kinder wissen alles
Ein Kalender von Diogenes

Untersuchen die Forscher eigentlich auch Ötzis Gefühle?

Benjamin, 7

FREITAG, 24. JANUAR

Das beste Geschenk:
Kinder wissen alles
Ein Kalender von Diogenes

Wenn man
zum Mond will,
muss man auf
Englisch von
zehn rückwärts
zählen.

Clara, 6

SAMSTAG, 25. JANUAR

Das beste Geschenk:
Kinder wissen alles
Ein Kalender von Diogenes

Ach, hier gibt
es Kuchen.
Dann setz ich
mich mal.

Leander, 3

SONNTAG, 26. JANUAR

Das beste Geschenk:
Kinder wissen alles
Ein Kalender von Diogenes

Mama, warum bin ich?

Anton, 3

MONTAG, 27. JANUAR

Das beste Geschenk:
Kinder wissen alles
Ein Kalender von Diogenes

Wozu braucht ihr eigentlich Eltern?

Wir kommen sonst nicht an die Schwimmsachen ran.

Viktoria, 5

DIENSTAG, 28. JANUAR

Das beste Geschenk:
Kinder wissen alles
Ein Kalender von Diogenes

Ich denke lieber vor statt nach.

Konstantin, 14

MITTWOCH, 29. JANUAR

Das beste Geschenk:
Kinder wissen alles
Ein Kalender von Diogenes

Die Zeit ist wie das Leben – man weiß nie, wann es aufhört.

Loki, 9

DONNERSTAG, 30. JANUAR

Das beste Geschenk:
Kinder wissen alles
Ein Kalender von Diogenes

Wenn alles
auf der Welt
aus Ketchup
wäre, wäre sie
viel weicher.

Simon, 6

FREITAG, 31. JANUAR

Das beste Geschenk:
Kinder wissen alles
Ein Kalender von Diogenes

Im Gewinnen bin ich unschlagbar.

Lotte, 5

SAMSTAG, 1. FEBRUAR

Das beste Geschenk:
Kinder wissen alles
Ein Kalender von Diogenes

Ich weiß nicht, wie schwer ich bin. Ich weiß nur, wie stark ich bin.

Mascha, 5

SONNTAG, 2. FEBRUAR

Das beste Geschenk:
Kinder wissen alles
Ein Kalender von Diogenes

In meinem Kopf sind alle Lieder. Und zum Mund kommen sie raus.

Jonna, 3

MONTAG, 3. FEBRUAR

Das beste Geschenk:
Kinder wissen alles
Ein Kalender von Diogenes

Mama,
du bist nicht
von gestern,
du bist von
vorgestern.

Sol, 15

DIENSTAG, 4. FEBRUAR

Das beste Geschenk:
Kinder wissen alles
Ein Kalender von Diogenes

Das habe ich nicht gemacht, das ist mir passiert.

Lisa, 3

Das beste Geschenk:
Kinder wissen alles
Ein Kalender von Diogenes

Welche Zahl kommt nach der Neun?

Donnerstag.

Ioan, 2

DONNERSTAG, 6. FEBRUAR

Das beste Geschenk:
Kinder wissen alles
Ein Kalender von Diogenes

Streit allein hilft auch nicht immer.

Sophia, 6

FREITAG, 7. FEBRUAR

Das beste Geschenk:
Kinder wissen alles
Ein Kalender von Diogenes

Ach, ich bin hellwach, ich kann mit keinem einzigen Auge schlafen.

János, 3

SAMSTAG, 8. FEBRUAR

Das beste Geschenk:
Kinder wissen alles
Ein Kalender von Diogenes

Er hat mir voll mein Glück vertraurigt.

Júlika, 4

SONNTAG, 9. FEBRUAR

Das beste Geschenk:
Kinder wissen alles
Ein Kalender von Diogenes

Ich bin jetzt fertig mit Zuhören.

David, 4

MONTAG, 10. FEBRUAR

Das beste Geschenk:
Kinder wissen alles
Ein Kalender von Diogenes

Machen Sie Ihren geschätzten
Kund:innen mit Ihrem
personalisierten Kalender
für 2026 eine Freude,
und schreiben Sie uns an:
loslassen@diogenes.ch

LOSLASSEN@DIOGENES.CH

Das beste Geschenk:
Kinder wissen alles
Ein Kalender von Diogenes

Mama hört nichts,
Papa sieht nichts.
Bin ich die Einzige
mit Durchblick?

Greta, 5

DIENSTAG, 11. FEBRUAR

Das beste Geschenk:
Kinder wissen alles
Ein Kalender von Diogenes

Ich will nur alles!

Cyril, 2

MITTWOCH, 12. FEBRUAR

Das beste Geschenk:
Kinder wissen alles
Ein Kalender von Diogenes

Wir essen nur gesund: Hörnchen, Spaghetti und Pasta.

Niya, 3

DONNERSTAG, 13. FEBRUAR

Das beste Geschenk:
Kinder wissen alles
Ein Kalender von Diogenes

Ich habe Angst vor der Liebe.

Ruben, 3

FREITAG, 14. FEBRUAR

Das beste Geschenk:
Kinder wissen alles
Ein Kalender von Diogenes

Esst nicht so viel Schweinefleisch, die armen Schweine.

Anna, 8

SAMSTAG, 15. FEBRUAR

Das beste Geschenk:
Kinder wissen alles
Ein Kalender von Diogenes

Wenn irgend-
jemand Sinn
macht, dann
bin ich es.

Vigo, 8

SONNTAG, 16. FEBRUAR

Das beste Geschenk:
Kinder wissen alles
Ein Kalender von Diogenes

Ich habe keine Magie mehr.

Lola, 5

MONTAG, 17. FEBRUAR

Das beste Geschenk:
Kinder wissen alles
Ein Kalender von Diogenes

Was du nicht
denkst, kann
noch werden.

Ilja, 7

DIENSTAG, 18. FEBRUAR

Das beste Geschenk:
Kinder wissen alles
Ein Kalender von Diogenes

Du musst die Balance halten.

Welche Ballons?

Michelle, 4

MITTWOCH, 19. FEBRUAR

Das beste Geschenk:
Kinder wissen alles
Ein Kalender von Diogenes

Irgendwann landet alles im Müll oder im Bauch.

Frederik, 6

DONNERSTAG, 20. FEBRUAR

Das beste Geschenk:
Kinder wissen alles
Ein Kalender von Diogenes

Ich bin
die Prinzessin,
der Papa ist
der Prinz,
die Mama
ist der Chef.

Nora, 3

FREITAG, 21. FEBRUAR

Das beste Geschenk:
Kinder wissen alles
Ein Kalender von Diogenes

Pass auf, du hättest mir fast mein Leben umgebracht!

Bence, 4

SAMSTAG, 22. FEBRUAR

Das beste Geschenk:
Kinder wissen alles
Ein Kalender von Diogenes

Kannte Oma eigentlich die Dinosaurier noch?

Emily, 3

SONNTAG, 23. FEBRUAR

Das beste Geschenk:
Kinder wissen alles
Ein Kalender von Diogenes

Papa,
dich haben
wir gut
eingekauft.

Bruno, 3

Das beste Geschenk:
Kinder wissen alles
Ein Kalender von Diogenes

Wenn
die Menschen
nicht so viele Kriege
geführt hätten, müsste
ich jetzt nicht so viel
in Geschichte
lernen.

Franziska, 12

DIENSTAG, 25. FEBRUAR

Das beste Geschenk:
Kinder wissen alles
Ein Kalender von Diogenes

Mama,
ich habe
Nasenhusten.

Philipp, 3

MITTWOCH, 26. FEBRUAR

Das beste Geschenk:
Kinder wissen alles
Ein Kalender von Diogenes

Ich bin Schweizerin und Deutscherin.

Sanna, 3

DONNERSTAG, 27. FEBRUAR

Das beste Geschenk:
Kinder wissen alles
Ein Kalender von Diogenes

Wenn alle das Gleiche wollen, gibt's Pizza zum Abendessen.

Tove, 7

FREITAG, 28. FEBRUAR

Das beste Geschenk:
Kinder wissen alles
Ein Kalender von Diogenes

Auf Muss
reagier
ich nicht.

Jonas, 6

SAMSTAG, 1. MÄRZ

Das beste Geschenk:
Kinder wissen alles
Ein Kalender von Diogenes

Ich bin müde,
ich möchte
ins Bett,
dann ist Friede
auf Erden.

Timon, 3

SONNTAG, 2. MÄRZ

Das beste Geschenk:
Kinder wissen alles
Ein Kalender von Diogenes

Man kann
nicht ewig in
der Kita bleiben,
man ist doch
keine Erzieherin.

Clara, 6

MONTAG, 3. MÄRZ

Das beste Geschenk:
Kinder wissen alles
Ein Kalender von Diogenes

Was möchtest du werden?

Ich bleibe Jona.

Jona, 4

DIENSTAG, 4. MÄRZ

Das beste Geschenk:
Kinder wissen alles
Ein Kalender von Diogenes

Wenn man in
der Klemme sitzt,
muss man nicht
gleich aufgeben,
sondern
weiterdenken.

Nena, 6

MITTWOCH, 5. MÄRZ

Das beste Geschenk:
Kinder wissen alles
Ein Kalender von Diogenes

Die kleinen Äffchen trinken bei der Mutter an der Brust Milch. Da kommt Kokosmilch raus.

Arian, 4

DONNERSTAG, 6. MÄRZ

Das beste Geschenk:
Kinder wissen alles
Ein Kalender von Diogenes

Das Leben
ohne dich
wäre ein
verschlechtertes
Ich.

Max, 11

FREITAG, 7. MÄRZ

Das beste Geschenk:
Kinder wissen alles
Ein Kalender von Diogenes

Ich brauche keine Hilfe, ich bin Supergirl!

Anja, 5

SAMSTAG, 8. MÄRZ

Das beste Geschenk:
Kinder wissen alles
Ein Kalender von Diogenes

Oma,
komm mit,
ich lade dich
ein in den
Kofferraum.

Theo, 2

SONNTAG, 9. MÄRZ

Das beste Geschenk:
Kinder wissen alles
Ein Kalender von Diogenes

Ich bin wie
Alice im
Wunderland,
nur suche ich
keinen Ausgang.

Sina, 10

Das beste Geschenk:
Kinder wissen alles
Ein Kalender von Diogenes

Mama, ich muss arbeiten, danach hab ich für dich Zeit.

Felix, 3

DIENSTAG, 11. MÄRZ

Das beste Geschenk:
Kinder wissen alles
Ein Kalender von Diogenes

Ich habe Seitenstechen im Kopf.

Rena, 4

MITTWOCH, 12. MÄRZ

Das beste Geschenk:
Kinder wissen alles
Ein Kalender von Diogenes

Das können
wir alles
morgen
machen.

Fiona, 5

DONNERSTAG, 13. MÄRZ

Das beste Geschenk:
Kinder wissen alles
Ein Kalender von Diogenes

Ich freu mich
wie ein Fisch,
der auf dem
Labyrinth tanzt.

Frederik, 5

FREITAG, 14. MÄRZ

Das beste Geschenk:
Kinder wissen alles
Ein Kalender von Diogenes

Russland ist das größte Land der Welt.

Dann müssen die ja richtig viele Aquarien haben.

Coco, 6

SAMSTAG, 15. MÄRZ

Das beste Geschenk:
Kinder wissen alles
Ein Kalender von Diogenes

Wolkenklar.

Johannes, 4

SONNTAG, 16. MÄRZ

Das beste Geschenk:
Kinder wissen alles
Ein Kalender von Diogenes

Wir müssen gehen, die Kirche glockt schon.

Regina, 5

MONTAG, 17. MÄRZ

Das beste Geschenk:
Kinder wissen alles
Ein Kalender von Diogenes

Stell dir vor,
jemand ist tot,
obwohl er noch
lebendig ist.

Lea, 5

DIENSTAG, 18. MÄRZ

Das beste Geschenk:
Kinder wissen alles
Ein Kalender von Diogenes

Lügen ist
schlimmer
als pupsen.

Rio, 5

MITTWOCH, 19. MÄRZ

Das beste Geschenk:
Kinder wissen alles
Ein Kalender von Diogenes

Ich fühle mich wie ein schwimmender Schmetterling.

Lina, 4

DONNERSTAG, 20. MÄRZ

Das beste Geschenk:
Kinder wissen alles
Ein Kalender von Diogenes

Mama, was machen eigentlich Betrüger, was ist ihre Vision?

Severin, 7

FREITAG, 21. MÄRZ

Das beste Geschenk:
Kinder wissen alles
Ein Kalender von Diogenes

Ich bin die Ur-Süßigkeit!

Malia, 4

SAMSTAG, 22. MÄRZ

Das beste Geschenk:
Kinder wissen alles
Ein Kalender von Diogenes

Als Baby habe ich nur Kinderbücher gelesen.

Alexander, 2

Das beste Geschenk:
Kinder wissen alles
Ein Kalender von Diogenes

Die Sonne
blendet mich,
aber nicht
die Blumen,
die haben
keine Augen.

Clara, 4

MONTAG, 24. MÄRZ

Das beste Geschenk:
Kinder wissen alles
Ein Kalender von Diogenes

Ich weiß jetzt, was das Wichtigste im Leben ist: Mit Geduld kann man alles.

Christoph, 5

DIENSTAG, 25. MÄRZ

Das beste Geschenk:
Kinder wissen alles
Ein Kalender von Diogenes

Das wird
mir hier
zu kindisch,
ich geh
schaukeln.

Anna, 5

MITTWOCH, 26. MÄRZ

Das beste Geschenk:
Kinder wissen alles
Ein Kalender von Diogenes

Ich esse am liebsten Obst: Gurke, Tomate und Mais.

Daniel, 7

DONNERSTAG, 27. MÄRZ

Das beste Geschenk:
Kinder wissen alles
Ein Kalender von Diogenes

Hast du mich schon gekannt, als ich in deinem Bauch war?

Kevin, 4

FREITAG, 28. MÄRZ

Das beste Geschenk:
Kinder wissen alles
Ein Kalender von Diogenes

Wir haben nicht genug Zeit, kann Papa welche kaufen?

Nina, 5

SAMSTAG, 29. MÄRZ

Das beste Geschenk:
Kinder wissen alles
Ein Kalender von Diogenes

Wenn ich
das Wasser
in meinen
Mund schütte,
kommt es
unten wieder
aus mir raus.

Arnold, 4

SONNTAG, 30. MÄRZ

Das beste Geschenk:
Kinder wissen alles
Ein Kalender von Diogenes

Ich habe immer Angst, dass der Himmel runterfällt.

Laura, 9

MONTAG, 31. MÄRZ

Das beste Geschenk:
Kinder wissen alles
Ein Kalender von Diogenes

Es gibt Schlangen mit Händen, Würgeschlangen.

Gustav, 5

DIENSTAG, 1. APRIL

Das beste Geschenk:
Kinder wissen alles
Ein Kalender von Diogenes

Kennt man die Zahlen von 0 bis 9, kennt man alle.

Greta, 6

MITTWOCH, 2. APRIL

Das beste Geschenk:
Kinder wissen alles
Ein Kalender von Diogenes

Ich brauch' mal wieder Nutella für meine Seele.

Philipp, 9

DONNERSTAG, 3. APRIL

Das beste Geschenk:
Kinder wissen alles
Ein Kalender von Diogenes

Wenn
der doofe
Auspuff
kaputt ist,
dann pufft
unser Auto
eben nicht
mehr aus.

Linda, 5

Das beste Geschenk:
Kinder wissen alles
Ein Kalender von Diogenes

Welche Schuhgröße hast du?

Blau.

Leon, 2

SAMSTAG, 5. APRIL

Das beste Geschenk:
Kinder wissen alles
Ein Kalender von Diogenes

Es geht nicht um Siege, es geht um Kampfheit.

Anneliese, 5

Das beste Geschenk:
Kinder wissen alles
Ein Kalender von Diogenes

Ich möchte
ab jetzt keinen
Blödsinn mehr
machen, nur
noch Schönsinn.

Mascha, 4

MONTAG, 7. APRIL

Das beste Geschenk:
Kinder wissen alles
Ein Kalender von Diogenes

Mama,
bei dir weiß
man ja genau,
was dein Beruf
ist – bei Papa
nicht so.

Philipp, 6

DIENSTAG, 8. APRIL

Das beste Geschenk:
Kinder wissen alles
Ein Kalender von Diogenes

Tränen
darf man
nicht in den
Mund nehmen,
weil man nicht
so viel Salz
essen soll.

Julia, 7

Das beste Geschenk:
Kinder wissen alles
Ein Kalender von Diogenes

Ich will
jetzt auch
so einen PC,
weißt du,
einen
Personality
Computer.

Gion, 9

DONNERSTAG, 10. APRIL

Das beste Geschenk:
Kinder wissen alles
Ein Kalender von Diogenes

Immer
ist heute,
nie morgen.

Anika, 2

FREITAG, 11. APRIL

Das beste Geschenk:
Kinder wissen alles
Ein Kalender von Diogenes

Mama,
kannst du
bitte das Spiel
mit dem
unsichtbaren
Geld von
deiner Karte
bezahlen?

Elisa, 7

SAMSTAG, 12. APRIL

Das beste Geschenk:
Kinder wissen alles
Ein Kalender von Diogenes

Da ist
ein weißer
Schmetterling
auf unser Dach
geschmettert.

Ludwig, 4

SONNTAG, 13. APRIL

Das beste Geschenk:
Kinder wissen alles
Ein Kalender von Diogenes

Ich bin jetzt schon ein bisschen alt.

Maya, 3

MONTAG, 14. APRIL

Das beste Geschenk:
Kinder wissen alles
Ein Kalender von Diogenes

Wann verwelkt Oma?

Jakob, 4

DIENSTAG, 15. APRIL

Das beste Geschenk:
Kinder wissen alles
Ein Kalender von Diogenes

Ich habe mich verschieden.

Lotte, 5

MITTWOCH, 16. APRIL

Das beste Geschenk:
Kinder wissen alles
Ein Kalender von Diogenes

Heute gibt es Spinat.

Das lieb ich gar nicht.

Moritz, 3

DONNERSTAG, 17. APRIL

Das beste Geschenk:
Kinder wissen alles
Ein Kalender von Diogenes

Beim Bergaufgehen sind die Füße schief, aber der Mensch bleibt gerade.

Wilfried, 7

FREITAG, 18. APRIL

Das beste Geschenk:
Kinder wissen alles
Ein Kalender von Diogenes

Äpfel und
Birnen kann
man einfach
nicht so leicht
runterschlucken
wie Gummi-
bärchen.

Aliya, 4

SAMSTAG, 19. APRIL

Das beste Geschenk:
Kinder wissen alles
Ein Kalender von Diogenes

Ein Turm reicht bis zum Himmel.

Ruben, 3

SONNTAG, 20. APRIL

Das beste Geschenk:
Kinder wissen alles
Ein Kalender von Diogenes

Mama,
du bist eine
lustige Frau,
aber auch
ein bisschen
peinlich.

Oskar, 5

MONTAG, 21. APRIL

Das beste Geschenk:
Kinder wissen alles
Ein Kalender von Diogenes

Kleine Katzen mögen keine großen Katzen, weil sie groß sind.

Lukas, 2

DIENSTAG, 22. APRIL

Das beste Geschenk:
Kinder wissen alles
Ein Kalender von Diogenes

Vieles ist hinter uns, doch die Zukunft ist fest vor uns.

Maide, 7

MITTWOCH, 23. APRIL

Das beste Geschenk:
Kinder wissen alles
Ein Kalender von Diogenes

Mama,
wir sollten
nach Hause gehen,
draußen ist es
viel zu wetterig.

Ben, 6

DONNERSTAG, 24. APRIL

Das beste Geschenk:
Kinder wissen alles
Ein Kalender von Diogenes

Kunst
ist das,
was in dir
steckt.

Clara, 8

FREITAG, 25. APRIL

Das beste Geschenk:
Kinder wissen alles
Ein Kalender von Diogenes

Tschüss,
bis später,
bis hallo.

Jacques, 4

SAMSTAG, 26. APRIL

Das beste Geschenk:
Kinder wissen alles
Ein Kalender von Diogenes

Mit welchem Erwachsenen bist du heute hier?

Hanna, 3

SONNTAG, 27. APRIL

Das beste Geschenk:
Kinder wissen alles
Ein Kalender von Diogenes

Ich bin
wie Papa,
eher so der
Gewinnertyp.

Theresa, 5

MONTAG, 28. APRIL

Das beste Geschenk:
Kinder wissen alles
Ein Kalender von Diogenes

Barcelona
ist dort,
wo der Zug
hinfährt.

Daniel, 2

DIENSTAG, 29. APRIL

Das beste Geschenk:
Kinder wissen alles
Ein Kalender von Diogenes

Mir egal, ich bin vier.

Joana, 4

MITTWOCH, 30. APRIL

Das beste Geschenk:
Kinder wissen alles
Ein Kalender von Diogenes

Mama,
wie schläft
eigentlich
ein Riese,
mit oder ohne
Klamotten?

Frederik, 5

DONNERSTAG, 1. MAI

Das beste Geschenk:
Kinder wissen alles
Ein Kalender von Diogenes

Weißt du, wenn man nicht heiratet, kann man auch keine Kinder bekommen.

Rebecca, 4

Das beste Geschenk:
Kinder wissen alles
Ein Kalender von Diogenes

Ich weiß
noch nicht,
was ich
werden soll:
Müllabfuhr,
Lokomotivführer
oder einer von
den Raketen.

Timon, 5

SAMSTAG, 3. MAI

Das beste Geschenk:
Kinder wissen alles
Ein Kalender von Diogenes

Mein Kopf
ist voller Musik,
ich muss
erst mal singen.

Hannes, 5

SONNTAG, 4. MAI

Es
gibt
Winterfellvögel
und
Sommerfellvögel.

Daniela, 6

MONTAG, 5. MAI

Das beste Geschenk:
Kinder wissen alles
Ein Kalender von Diogenes

Ich habe dich sehr lieb.

Dafür habe ich jetzt keine Zeit, Mama.

Max, 2

DIENSTAG, 6. MAI

Das beste Geschenk:
Kinder wissen alles
Ein Kalender von Diogenes

Bist das du,
oder bist
das ich?

Heidi, 3

MITTWOCH, 7. MAI

Das beste Geschenk:
Kinder wissen alles
Ein Kalender von Diogenes

Das ist ein H wie ›Bushaltestelle‹.

Ioan, 2

DONNERSTAG, 8. MAI

Das beste Geschenk:
Kinder wissen alles
Ein Kalender von Diogenes

Weil mein
Mund noch
so müde ist,
schmecke
ich nichts.

Onno, 7

FREITAG, 9. MAI

Das beste Geschenk:
Kinder wissen alles
Ein Kalender von Diogenes

Wenn man nicht will, dann muss man auch nicht.

Lola, 5

SAMSTAG, 10. MAI

Das beste Geschenk:
Kinder wissen alles
Ein Kalender von Diogenes

Am Muttertag tut man im Bett frühstücken.

Elliot, 5

SONNTAG, 11. MAI

Das beste Geschenk:
Kinder wissen alles
Ein Kalender von Diogenes

Der Himmel ist so hoch, da komm nicht einmal ich hinauf.

Selma, 3

MONTAG, 12. MAI

Das beste Geschenk:
Kinder wissen alles
Ein Kalender von Diogenes

Spielen ist auch Arbeit.

Ida, 4

DIENSTAG, 13. MAI

Das beste Geschenk:
Kinder wissen alles
Ein Kalender von Diogenes

Kann ich statt einem Bruder einen Hund bekommen?

Timo, 4

MITTWOCH, 14. MAI

Das beste Geschenk:
Kinder wissen alles
Ein Kalender von Diogenes

Wenn ich
zu viel rot oder
orange male,
ist mir das
zu trocken.

Coco, 6

DONNERSTAG, 15. MAI

Das beste Geschenk:
Kinder wissen alles
Ein Kalender von Diogenes

Ich hab
noch keinen
Tropfen Sonne
gesehen
heute.

Gustav, 3

FREITAG, 16. MAI

Das beste Geschenk:
Kinder wissen alles
Ein Kalender von Diogenes

Erwachsene dürfen alles. Das Traurige ist, dass sie das nicht wollen.

Sina, 7

Das beste Geschenk:
Kinder wissen alles
Ein Kalender von Diogenes

Wenn man
Kinder hat,
bekommt man
graue Haare
oder keine.

Ariel, 5

SONNTAG, 18. MAI

Das beste Geschenk:
Kinder wissen alles
Ein Kalender von Diogenes

Der Vogel
ist tot.
Ist er mit
einer Wolke
zusammen-
gestoßen?

Laura, 4

MONTAG, 19. MAI

Das beste Geschenk:
Kinder wissen alles
Ein Kalender von Diogenes

Ich will
noch auf
der Panade
spazieren
gehen.

Arian, 3

DIENSTAG, 20. MAI

Das beste Geschenk:
Kinder wissen alles
Ein Kalender von Diogenes

Hoch sollst du lieben!

Ilvy, 7

MITTWOCH, 21. MAI

Das beste Geschenk:
Kinder wissen alles
Ein Kalender von Diogenes

Erst kamen die Dinosaurier, dann die Könige, dann wir.

Michaela, 5

DONNERSTAG, 22. MAI

Das beste Geschenk:
Kinder wissen alles
Ein Kalender von Diogenes

Mama,
gib mir doch
eine Pamper,
dann haben
wir keine
Probleme.

Christoph, 4

FREITAG, 23. MAI

Das beste Geschenk:
Kinder wissen alles
Ein Kalender von Diogenes

Niemand weiß,
wie Liebe passiert,
aber es hat mit
der Nase zu tun,
deswegen braucht
man Deo.

Max, 8

Das beste Geschenk:
Kinder wissen alles
Ein Kalender von Diogenes

Wie viel Mal trödeln ist eine Stunde?

Paul, 5

SONNTAG, 25. MAI

Das beste Geschenk:
Kinder wissen alles
Ein Kalender von Diogenes

Jeder Opa
hat eine Oma,
damit sie
auf ihn aufpasst.

Viktoria, 5

MONTAG, 26. MAI

Das beste Geschenk:
Kinder wissen alles
Ein Kalender von Diogenes

Jazz, die traurige Musik.

Merlin, 4

DIENSTAG, 27. MAI

Das beste Geschenk:
Kinder wissen alles
Ein Kalender von Diogenes

Wenn ich groß bin, werde ich ein Einhorn.

Antonia, 3

MITTWOCH, 28. MAI

Das beste Geschenk:
Kinder wissen alles
Ein Kalender von Diogenes

Ich schenke Papa Schokolade, weil die schmeckt mir auch.

Lisa, 6

DONNERSTAG, 29. MAI

Das beste Geschenk:
Kinder wissen alles
Ein Kalender von Diogenes

Das Weltall dehnt sich unendlich aus, bis ans Ende unserer Träume.

Ezra, 11

FREITAG, 30. MAI

Das beste Geschenk:
Kinder wissen alles
Ein Kalender von Diogenes

Ein Keks könnte helfen.

Clara, 3

SAMSTAG, 31. MAI

Das beste Geschenk:
Kinder wissen alles
Ein Kalender von Diogenes

Ich will nicht mehr unlieb sein.

Jonas, 4

SONNTAG, 1. JUNI

Das beste Geschenk:
Kinder wissen alles
Ein Kalender von Diogenes

Ich bin so satt.
Ist das jetzt
›all you can eat‹?

Jack, 8

MONTAG, 2. JUNI

Das beste Geschenk:
Kinder wissen alles
Ein Kalender von Diogenes

Ich kann
nichts dafür,
das entscheidet
der Körper,
wann er rülpst.

Fritz, 4

DIENSTAG, 3. JUNI

Das beste Geschenk:
Kinder wissen alles
Ein Kalender von Diogenes

Ist das Gott, der die Pickel macht?

Tim, 5

MITTWOCH, 4. JUNI

Das beste Geschenk:
Kinder wissen alles
Ein Kalender von Diogenes

Ich lese
in Büchern
am liebsten
die Bilder.

Elinor, 5

DONNERSTAG, 5. JUNI

Das beste Geschenk:
Kinder wissen alles
Ein Kalender von Diogenes

Die Fantasie wohnt in meinem Bauch.

Ella, 5

FREITAG, 6. JUNI

Das beste Geschenk:
Kinder wissen alles
Ein Kalender von Diogenes

Die erste
Liebe ist wie
Pfannkuchen,
der erste wird
nie etwas.

John, 10

Das beste Geschenk:
Kinder wissen alles
Ein Kalender von Diogenes

Ich will
etwas essen
und mein
Bauch auch.

Mina, 2

SONNTAG, 8. JUNI

Das beste Geschenk:
Kinder wissen alles
Ein Kalender von Diogenes

Wenn du
einen Witz
machst,
mach ihn
wenigstens
lustig.

Karl, 4

MONTAG, 9. JUNI

Das beste Geschenk:
Kinder wissen alles
Ein Kalender von Diogenes

Die Bäume haben den Kopf im Himmel.

Sarah, 5

DIENSTAG, 10. JUNI

Das beste Geschenk:
Kinder wissen alles
Ein Kalender von Diogenes

Ich muss Stoppersocken anhaben, damit ich im Traum schnell rennen kann.

Leon, 2

Das beste Geschenk:
Kinder wissen alles
Ein Kalender von Diogenes

Wie klein werden eigentlich Uromas?

Clara, 6

DONNERSTAG, 12. JUNI

Das beste Geschenk:
Kinder wissen alles
Ein Kalender von Diogenes

Hast du schon alles aufgegessen?

Ja, aber ich hab nicht geschlingelt.

Frederik, 4

FREITAG, 13. JUNI

Das beste Geschenk:
Kinder wissen alles
Ein Kalender von Diogenes

Du darfst
die Wäsche
nicht aufhängen,
das ist
meine Arbeit.

Ida, 2

SAMSTAG, 14. JUNI

Das beste Geschenk:
Kinder wissen alles
Ein Kalender von Diogenes

Jetzt noch ein wenig Wurst. Das ist mein Elixier.

Frederik, 4

SONNTAG, 15. JUNI

Das beste Geschenk:
Kinder wissen alles
Ein Kalender von Diogenes

Ich glaube,
ich wäre gerne
ein Pinguin.

Sandra, 3

MONTAG, 16. JUNI

Das beste Geschenk:
Kinder wissen alles
Ein Kalender von Diogenes

Nicht auf Blumen treten, sonst Bienenärger!

Gustav, 5

DIENSTAG, 17. JUNI

Das beste Geschenk:
Kinder wissen alles
Ein Kalender von Diogenes

Berührt der Stift in der Kappe den Boden?

Coco, 5

MITTWOCH, 18. JUNI

Das beste Geschenk:
Kinder wissen alles
Ein Kalender von Diogenes

Ich liebe dich
so sehr wie
Nudeln.

Ioan, 2

DONNERSTAG, 19. JUNI

Das beste Geschenk:
Kinder wissen alles
Ein Kalender von Diogenes

Wenn du auf einem Foto rennst, ist es ein Video.

Merula, 4

FREITAG, 20. JUNI

Das beste Geschenk:
Kinder wissen alles
Ein Kalender von Diogenes

Im Sommer
geht alles
schneller –
wir müssen
ins Bett,
wenn es noch
hell ist.

Claire, 4

SAMSTAG, 21. JUNI

Das beste Geschenk:
Kinder wissen alles
Ein Kalender von Diogenes

Folgen kann ich noch nicht so gut.

Julian, 4

SONNTAG, 22. JUNI

Das beste Geschenk:
Kinder wissen alles
Ein Kalender von Diogenes

Schreiben lernen
ist wie ein
Puzzle machen.
Später setzt es sich
von allein
zusammen.

Estela, 8

MONTAG, 23. JUNI

Das beste Geschenk:
Kinder wissen alles
Ein Kalender von Diogenes

Im Smart
können alle
vorn sitzen.

Ali, 5

DIENSTAG, 24. JUNI

Das beste Geschenk:
Kinder wissen alles
Ein Kalender von Diogenes

Ich finde mich groß genug dafür.

Sunny, 3

Das beste Geschenk:
Kinder wissen alles
Ein Kalender von Diogenes

Schön, dass
es mich gibt.
Ohne mich
wären wir
heute alle
nicht hier.

Lucas, 9

DONNERSTAG, 26. JUNI

Das beste Geschenk:
Kinder wissen alles
Ein Kalender von Diogenes

Die Zeiten, wo es
nicht so gut ist,
sind nicht so viele.
Die Zeiten,
wo es schöner ist,
sind mehr.

Pauline, 7

Das beste Geschenk:
Kinder wissen alles
Ein Kalender von Diogenes

Dreckige
Hände
ist umwelt-
freundlicher,
als sie
zu waschen.

Benjamin, 5

SAMSTAG, 28. JUNI

Das beste Geschenk:
Kinder wissen alles
Ein Kalender von Diogenes

Ich bin ein
Wanderer,
wo ganz
perfekt nicht
runterfällt.

Nora, 3

SONNTAG, 29. JUNI

Das beste Geschenk:
Kinder wissen alles
Ein Kalender von Diogenes

Wenn ich
immer warte,
bin ich bald
so alt wie du.

Noah, 4

MONTAG, 30. JUNI

Das beste Geschenk:
Kinder wissen alles
Ein Kalender von Diogenes

Bekommen Blumen auch Kinder?

Alma, 5

DIENSTAG, 1. JULI

Das beste Geschenk:
Kinder wissen alles
Ein Kalender von Diogenes

Ohne Brille ist alles staubig.

Vincent, 4

Das beste Geschenk:
Kinder wissen alles
Ein Kalender von Diogenes

Mama, wir ziehen zwar um, aber die Hauptsache ist, wir bleiben zusammen.

Allegra, 7

DONNERSTAG, 3. JULI

Das beste Geschenk:
Kinder wissen alles
Ein Kalender von Diogenes

Präsidenten haben immer eine Ausrede.

Karl, 5

FREITAG, 4. JULI

Das beste Geschenk:
Kinder wissen alles
Ein Kalender von Diogenes

Ein Kind, das Sie kennen,
sagt bestimmt auch etwas
Lustiges oder Kluges.
Bitte senden Sie die
Weisheiten an:
kalender@diogenes.ch

KALENDER@DIOGENES.CH

Die Einsendung gilt als Einverständnis, in einer zukünftigen Kalender- oder Buchausgabe abgedruckt zu werden, möglicherweise gekürzt oder vereinfacht. Eine Veröffentlichung kann der Verlag nicht garantieren. Nennen Sie uns zu dem Satz bitte den Vornamen des Kindes oder ein Pseudonym, das Alter und, wenn Sie ein Belegexemplar wünschen, die Postadresse.

Ich kann nichts dafür, mein Mund will immer reden.

Simon, 4

SAMSTAG, 5. JULI

Das beste Geschenk:
Kinder wissen alles
Ein Kalender von Diogenes

Schau mal,
ein Fan.

Anna, 4

SONNTAG, 6. JULI

Das beste Geschenk:
Kinder wissen alles
Ein Kalender von Diogenes

Was ist, wenn ich kein Mensch sein will?

David, 4

MONTAG, 7. JULI

Das beste Geschenk:
Kinder wissen alles
Ein Kalender von Diogenes

Ich kann mich nicht erinnern, wie es war, auf die Welt zu kommen.

Mina, 3

DIENSTAG, 8. JULI

Das beste Geschenk:
Kinder wissen alles
Ein Kalender von Diogenes

Demokratie ist, wenn ich sagen kann, was es zu essen gibt.

Bela, 4

MITTWOCH, 9. JULI

Das beste Geschenk:
Kinder wissen alles
Ein Kalender von Diogenes

Kommt,
wir machen
Kaffee, dann
sagen sie Ja.

Greta, 8

DONNERSTAG, 10. JULI

Das beste Geschenk:
Kinder wissen alles
Ein Kalender von Diogenes

Ich will
noch ein
Geschwister,
dann habe
ich mehr
Auswahl.

Matteo, 4

FREITAG, 11. JULI

Das beste Geschenk:
Kinder wissen alles
Ein Kalender von Diogenes

Oben und unten ist wie links und rechts, nur auf der anderen Seite.

Emily, 8

SAMSTAG, 12. JULI

Das beste Geschenk:
Kinder wissen alles
Ein Kalender von Diogenes

Wieso muss man Tote auf dem Friedhof gießen?

Ella, 4

SONNTAG, 13. JULI

Das beste Geschenk:
Kinder wissen alles
Ein Kalender von Diogenes

Wenn
Mama da ist,
musst du
nach dem Pipi
Hände waschen.

Nina, 5

MONTAG, 14. JULI

Das beste Geschenk:
Kinder wissen alles
Ein Kalender von Diogenes

Ich bin so klug,
dass ich
gar nicht weiß,
wie sehr.

Sophie, 8

DIENSTAG, 15. JULI

Das beste Geschenk:
Kinder wissen alles
Ein Kalender von Diogenes

Happy Bürste to you!

Jacques, 3

MITTWOCH, 16. JULI

Das beste Geschenk:
Kinder wissen alles
Ein Kalender von Diogenes

Ein Geheimnis
ist, wenn man
es nur Mama
und Papa
sagen darf.

Lola, 5

DONNERSTAG 17. JULI

Das beste Geschenk:
Kinder wissen alles
Ein Kalender von Diogenes

Es ist alles gut, ich bin dehnbar.

Keren, 8

FREITAG, 18. JULI

Das beste Geschenk:
Kinder wissen alles
Ein Kalender von Diogenes

Wenn man
das Licht
anmacht,
geht die
Nacht aus.

Ioan, 2

SAMSTAG, 19. JULI

Das beste Geschenk:
Kinder wissen alles
Ein Kalender von Diogenes

Wozu haben
Babys Beine,
wenn sie nicht
laufen können?

Julia, 4

SONNTAG, 20. JULI

Das beste Geschenk:
Kinder wissen alles
Ein Kalender von Diogenes

Oma und Opa spielen nur Karten, die brauchen kein Kinderzimmer.

Ilea, 5

Das beste Geschenk:
Kinder wissen alles
Ein Kalender von Diogenes

Manchmal,
wenn ich
die Finger
auf die Augen
presse, dann
ist da so ein
Film.

Alexander, 5

DIENSTAG, 22. JULI

Das beste Geschenk:
Kinder wissen alles
Ein Kalender von Diogenes

Eine Sternschnuppe ist der Abfall des Universums.

Valentina, 6

MITTWOCH, 23. JULI

Das beste Geschenk:
Kinder wissen alles
Ein Kalender von Diogenes

Wenn du zu viele Sachen hast, nützt es dir nichts.

Tristan, 4

DONNERSTAG, 24. JULI

Das beste Geschenk:
Kinder wissen alles
Ein Kalender von Diogenes

Ich bin keine Böserin.

Helen, 2

FREITAG, 25. JULI

Das beste Geschenk:
Kinder wissen alles
Ein Kalender von Diogenes

Kuck mal,
ich hab
automatische
Haare.

Cyril, 4

SAMSTAG, 26. JULI

Das beste Geschenk:
Kinder wissen alles
Ein Kalender von Diogenes

Da vorne ist ein Gewitter, ich hab den Himmel wackeln sehen!

Frederik, 7

SONNTAG, 27. JULI

Hilft ein Entwicklungs-helfer beim Wickeln?

Theo, 3

MONTAG, 28. JULI

Das beste Geschenk:
Kinder wissen alles
Ein Kalender von Diogenes

Wenn ich schlafe, vergesse ich, wer ich bin.

Pia, 5

DIENSTAG, 29. JULI

Das beste Geschenk:
Kinder wissen alles
Ein Kalender von Diogenes

Ich möchte
kein Mann und
keine Frau sein,
sondern immer
ein Kind bleiben.

Oscar, 4

MITTWOCH, 30. JULI

Das beste Geschenk:
Kinder wissen alles
Ein Kalender von Diogenes

Da ist
ganz viel
Glitzer drauf,
so ist
mein Leben!

Marlowe, 3

DONNERSTAG, 31. JULI

Das beste Geschenk:
Kinder wissen alles
Ein Kalender von Diogenes

Der,
der lügt,
ist selber
schuld.

Jonas, 5

FREITAG, 1. AUGUST

Das beste Geschenk:
Kinder wissen alles
Ein Kalender von Diogenes

Tiere, die
aus Eiern
kommen,
trinken
keine Milch.

Clara, 6

SAMSTAG, 2. AUGUST

Das beste Geschenk:
Kinder wissen alles
Ein Kalender von Diogenes

Ich muss mein Ohr wechseln, es ist ganz vollgeredet.

Max, 6

SONNTAG, 3. AUGUST

Das beste Geschenk:
Kinder wissen alles
Ein Kalender von Diogenes

Eltern sein
ist schwer,
man muss
Verständnis
haben.

Rebecca, 8

MONTAG, 4. AUGUST

Das beste Geschenk:
Kinder wissen alles
Ein Kalender von Diogenes

Sie lieben Rituale.
Auch 2026 kein Morgenkaffee ohne uns – in der Buchhandlung Ihres Vertrauens ist der neue Kalender ab jetzt erhältlich.

Das beste Geschenk:
Kinder wissen alles
Ein Kalender von Diogenes

Das Wasser geht unter, die Fische haben keins mehr.

Ruben, 3

DIENSTAG, 5. AUGUST

Das beste Geschenk:
Kinder wissen alles
Ein Kalender von Diogenes

Der Kreis ist rund, weißt du.

Niya, 3

MITTWOCH, 6. AUGUST

Das beste Geschenk:
Kinder wissen alles
Ein Kalender von Diogenes

Das Peinlichste an dir, Mama, ist, dass du dir bewusst bist, dass du peinlich bist.

Jakob, 15

DONNERSTAG, 7. AUGUST

Das beste Geschenk:
Kinder wissen alles
Ein Kalender von Diogenes

Als sie
gestorben war,
konnte sie
nicht mehr
sterben.

Pia, 5

FREITAG, 8. AUGUST

Das beste Geschenk:
Kinder wissen alles
Ein Kalender von Diogenes

Was genau versteht du nicht an: Tu das nicht?

Nicht.

Beda, 4

SAMSTAG, 9. AUGUST

Das beste Geschenk:
Kinder wissen alles
Ein Kalender von Diogenes

Wo gehen eigentlich Gedanken hin?

Elena, 3

SONNTAG, 10. AUGUST

Das beste Geschenk:
Kinder wissen alles
Ein Kalender von Diogenes

Ich bin immer nett, außer am Wochenende und wenn Woche ist.

Hannes, 4

MONTAG, 11. AUGUST

Das beste Geschenk:
Kinder wissen alles
Ein Kalender von Diogenes

Meine Mama verarztet mich mit Worten.

Anna, 10

DIENSTAG, 12. AUGUST

Das beste Geschenk:
Kinder wissen alles
Ein Kalender von Diogenes

Vielleicht hat er uns übers Ohr gezogen.

Johannes, 6

MITTWOCH, 13. AUGUST

Das beste Geschenk:
Kinder wissen alles
Ein Kalender von Diogenes

Nackt bist du so wie ich.

Ella, 5

DONNERSTAG, 14. AUGUST

Das beste Geschenk:
Kinder wissen alles
Ein Kalender von Diogenes

Warum folgt uns der Schatten?

Paul, 3

FREITAG, 15. AUGUST

Das beste Geschenk:
Kinder wissen alles
Ein Kalender von Diogenes

Wenn ich nicht schlafen müsste, wäre ich längst Wissenschaftlerin.

Viktoria, 8

Das beste Geschenk:
Kinder wissen alles
Ein Kalender von Diogenes

Die Natur braucht Vögel, sie hat keinen Wecker.

Svea, 5

SONNTAG, 17. AUGUST

Das beste Geschenk:
Kinder wissen alles
Ein Kalender von Diogenes

Beim Geburtstag feiert man die Geschenke.

Selma, 4

MONTAG, 18. AUGUST

Das beste Geschenk:
Kinder wissen alles
Ein Kalender von Diogenes

Mama,
mir ist so
wickelig.

Theo, 3

DIENSTAG, 19. AUGUST

Das beste Geschenk:
Kinder wissen alles
Ein Kalender von Diogenes

Als du mich gemacht hast, wusstest du schon, wie toll ich werde?

Lotte, 8

MITTWOCH, 20. AUGUST

Das beste Geschenk:
Kinder wissen alles
Ein Kalender von Diogenes

Oma hat Himbeeren in die Marmelade gemacht. Jetzt ist sie gesund.

Milan, 3

Das beste Geschenk:
Kinder wissen alles
Ein Kalender von Diogenes

Ich will
keine Kinder,
ich habe ja
Geschwister.

Lea, 8

FREITAG, 22. AUGUST

Das beste Geschenk:
Kinder wissen alles
Ein Kalender von Diogenes

Wie findet
man eigentlich
eine Frau?
Steht man
auf einem Platz
und ruft,
wer will mich?

László, 4

SAMSTAG, 23. AUGUST

Das beste Geschenk:
Kinder wissen alles
Ein Kalender von Diogenes

Du darfst dich nicht vor der Angst fürchten.

Johanna, 8

SONNTAG, 24. AUGUST

Das beste Geschenk:
Kinder wissen alles
Ein Kalender von Diogenes

Ich bin
so müde wie
eine Waldmaus,
die ihren
Winterschlaf
braucht.

Frederik, 6

MONTAG, 25. AUGUST

Das beste Geschenk:
Kinder wissen alles
Ein Kalender von Diogenes

Oh, der Kuchenschaffner bringt mir einen Schokoladen-kuchen.

Fritz, 4

DIENSTAG, 26. AUGUST

Das beste Geschenk:
Kinder wissen alles
Ein Kalender von Diogenes

Die Sonne
muss für
den Mond
mal Strahlen
kaufen.

Theo, 2

MITTWOCH, 27. AUGUST

Das beste Geschenk:
Kinder wissen alles
Ein Kalender von Diogenes

Wenn man
etwas gesagt hat,
kann man nie
mehr sagen,
dass man es nicht
gesagt hat.

Christina, 3

Das beste Geschenk:
Kinder wissen alles
Ein Kalender von Diogenes

Ich hab Schnupfen, obwohl ich gestern Gurke gegessen habe.

Edgar, 5

FREITAG, 29. AUGUST

Das beste Geschenk:
Kinder wissen alles
Ein Kalender von Diogenes

Warum gibt es die Welt immer?

Mina, 4

SAMSTAG, 30. AUGUST

Das beste Geschenk:
Kinder wissen alles
Ein Kalender von Diogenes

Der Hund
ist zwar
etwas klein,
aber er erfüllt
seinen Zweck.

Gustav, 4

SONNTAG, 31. AUGUST

Das beste Geschenk:
Kinder wissen alles
Ein Kalender von Diogenes

Sag mir einfach alles, dann weiß ich wieder, was ich wissen wollte.

Emily, 8

MONTAG, 1. SEPTEMBER

Das beste Geschenk:
Kinder wissen alles
Ein Kalender von Diogenes

Fantasie ist
wie das Meer,
da kann ich
auch nicht sehen,
wo es aufhört.

Denis, 8

DIENSTAG, 2. SEPTEMBER

Das beste Geschenk:
Kinder wissen alles
Ein Kalender von Diogenes

Beim Stempel hat das Bild schon jemand draufgemalt.

Tanja, 4

MITTWOCH, 3. SEPTEMBER

Das beste Geschenk:
Kinder wissen alles
Ein Kalender von Diogenes

Ist dir schon aufgefallen, dass ›Polizei‹ mit ›Po‹ anfängt?

Joana, 6

DONNERSTAG, 4. SEPTEMBER

Das beste Geschenk:
Kinder wissen alles
Ein Kalender von Diogenes

Wir gehen
in die Kita, weil
Erzieherinnen
Kinder mögen –
Eltern nicht.

Sophie, 5

FREITAG, 5. SEPTEMBER

Das beste Geschenk:
Kinder wissen alles
Ein Kalender von Diogenes

Ich habe Bauchweh im Kopf.

Takis, 5

SAMSTAG, 6. SEPTEMBER

Das beste Geschenk:
Kinder wissen alles
Ein Kalender von Diogenes

Mama, hast du das verlernt?

Nora, 3

SONNTAG, 7. SEPTEMBER

Das beste Geschenk:
Kinder wissen alles
Ein Kalender von Diogenes

Ich muss zuerst in meinem Kopf aufräumen.

Lukas, 2

MONTAG, 8. SEPTEMBER

Das beste Geschenk:
Kinder wissen alles
Ein Kalender von Diogenes

Die Liebe
hält in meinem
Herzen auch
die Freiheit fest.

Nele, 5

DIENSTAG, 9. SEPTEMBER

Das beste Geschenk:
Kinder wissen alles
Ein Kalender von Diogenes

Monsters come and go.

Ruben, 3

MITTWOCH, 10. SEPTEMBER

Das beste Geschenk:
Kinder wissen alles
Ein Kalender von Diogenes

Am meisten Geld verliert man beim Bezahlen.

Finley, 12

Das beste Geschenk:
Kinder wissen alles
Ein Kalender von Diogenes

Erdgeschoss?
Muss man da
schießen?

Sanna, 3

FREITAG, 12. SEPTEMBER

Das beste Geschenk:
Kinder wissen alles
Ein Kalender von Diogenes

Wenn man
Bücher liest,
ist man
bald voller
Geschichten.

Michelle, 6

SAMSTAG, 13. SEPTEMBER

Das beste Geschenk:
Kinder wissen alles
Ein Kalender von Diogenes

Dich hab
ich ewig
nicht gesehen,
wurdest du
entführt?

Ludwig, 5

SONNTAG, 14. SEPTEMBER

Das beste Geschenk:
Kinder wissen alles
Ein Kalender von Diogenes

Was sagt er?
Das ist Englisch.
Ist er ein Engel?

Coco, 6

MONTAG, 15. SEPTEMBER

Das beste Geschenk:
Kinder wissen alles
Ein Kalender von Diogenes

Mama, habe ich das richtig geschrieben? Feeler.

Elliott, 8

Das beste Geschenk:
Kinder wissen alles
Ein Kalender von Diogenes

Ich bin so sauer,
ich werde gleich
eine Kiwi.

Laura, 5

Das beste Geschenk:
Kinder wissen alles
Ein Kalender von Diogenes

Beim Ausmalen hat meine Hand manchmal Schluckauf.

Tobias, 5

DONNERSTAG, 18. SEPTEMBER

Das beste Geschenk:
Kinder wissen alles
Ein Kalender von Diogenes

Wieso bin ich eigentlich keine Giraffe?

Lukas, 5

FREITAG, 19. SEPTEMBER

Das beste Geschenk:
Kinder wissen alles
Ein Kalender von Diogenes

Jawohl, Chefin!

Ellie, 7

SAMSTAG, 20. SEPTEMBER

Das beste Geschenk:
Kinder wissen alles
Ein Kalender von Diogenes

Wenn ich groß bin, kann ich meinen BH anziehen und in die Disco gehen.

Hanna, 4

Das beste Geschenk:
Kinder wissen alles
Ein Kalender von Diogenes

Ich kann jetzt nicht aufräumen, ich habe keine Zeit.

Jonas, 3

MONTAG, 22. SEPTEMBER

Das beste Geschenk:
Kinder wissen alles
Ein Kalender von Diogenes

Ein Stamm, der heißt Bamm.

Alma, 3

DIENSTAG, 23. SEPTEMBER

Das beste Geschenk:
Kinder wissen alles
Ein Kalender von Diogenes

Ich mach Übungen, Ballett und Spaghett.

Frederik, 4

MITTWOCH, 24. SEPTEMBER

Das beste Geschenk:
Kinder wissen alles
Ein Kalender von Diogenes

Mama, du riechst so gut, hast du dein Mutterparfüm benutzt?

Elisa, 7

DONNERSTAG, 25. SEPTEMBER

Das beste Geschenk:
Kinder wissen alles
Ein Kalender von Diogenes

Weil ist noch kein Grund.

Elias, 4

FREITAG, 26. SEPTEMBER

Das beste Geschenk:
Kinder wissen alles
Ein Kalender von Diogenes

Omas haben so viel Zeit, weil sie mit allem schon fertig sind.

Greta, 8

Das beste Geschenk:
Kinder wissen alles
Ein Kalender von Diogenes

Wie soll ich jemanden liebhaben, der meine Schwester ist?

Leo, 4

SONNTAG, 28. SEPTEMBER

Das beste Geschenk:
Kinder wissen alles
Ein Kalender von Diogenes

Ich möchte lieber ein Tier sein, dann wäre ich schneller erwachsen.

Lea, 4

MONTAG, 29. SEPTEMBER

Das beste Geschenk:
Kinder wissen alles
Ein Kalender von Diogenes

Heute war in der Schule eine Schweigeminute. Da muss man eine Minute lang schlimme Sachen denken und dann hoffen, dass sie vorbeigehen.

Ildikó, 6

Das beste Geschenk:
Kinder wissen alles
Ein Kalender von Diogenes

Ich bin in Verdanken gesunken.

Kevin, 6

MITTWOCH, 1. OKTOBER

Das beste Geschenk:
Kinder wissen alles
Ein Kalender von Diogenes

Was ist denn Trüffelöl? Ist das vom Grüffelo?

Theo, 3

DONNERSTAG, 2. OKTOBER

Das beste Geschenk:
Kinder wissen alles
Ein Kalender von Diogenes

Ich möchte nur die Kinder, nicht den Mann.

Viktoria, 8

FREITAG, 3. OKTOBER

Das beste Geschenk:
Kinder wissen alles
Ein Kalender von Diogenes

Das Alter kann man nicht besiegen.

Max, 11

SAMSTAG, 4. OKTOBER

Das beste Geschenk:
Kinder wissen alles
Ein Kalender von Diogenes

Morgen
muss ich
früh aufstehen,
da kann ich
den Morgen
nicht
ausgenießen.

János, 5

SONNTAG, 5. OKTOBER

Das beste Geschenk:
Kinder wissen alles
Ein Kalender von Diogenes

Ich kann
nicht schlafen,
weil ich
müde bin.

Daniel, 2

MONTAG, 6. OKTOBER

Das beste Geschenk:
Kinder wissen alles
Ein Kalender von Diogenes

Ein schwieriger Geist ist auch ein Geist.

Rosalie, 4

DIENSTAG, 7. OKTOBER

Das beste Geschenk:
Kinder wissen alles
Ein Kalender von Diogenes

Schau mal, Papa,
eine alte Frau –
bald ist sie tot.

Johann, 5

MITTWOCH, 8. OKTOBER

Das beste Geschenk:
Kinder wissen alles
Ein Kalender von Diogenes

Beim Lügen ist die Wahrheit nicht da.

Lola, 5

DONNERSTAG, 9. OKTOBER

Das beste Geschenk:
Kinder wissen alles
Ein Kalender von Diogenes

Ich bin heute ganz hüpfig!

Mario, 3

FREITAG, 10. OKTOBER

Das beste Geschenk:
Kinder wissen alles
Ein Kalender von Diogenes

Welches Baby hättest du bekommen, wenn du mich nicht bekommen hättest?

Greta, 8

SAMSTAG, 11. OKTOBER

Das beste Geschenk:
Kinder wissen alles
Ein Kalender von Diogenes

Deine Mama heißt ja auch Mama!

Lukas, 3

SONNTAG, 12. OKTOBER

Das beste Geschenk:
Kinder wissen alles
Ein Kalender von Diogenes

Eine Frau,
die ein Chef ist,
heißt Chefin.
Heißt ein Mann,
der Chef ist,
Chefer?

Júlika, 5

MONTAG, 13. OKTOBER

Das beste Geschenk:
Kinder wissen alles
Ein Kalender von Diogenes

Ich war so sauer auf ihn, da hab ich ihn angeernstet.

Jacques, 4

DIENSTAG, 14. OKTOBER

Das beste Geschenk:
Kinder wissen alles
Ein Kalender von Diogenes

Die Nerds machen die Kohle.

Nina, 10

MITTWOCH, 15. OKTOBER

Das beste Geschenk:
Kinder wissen alles
Ein Kalender von Diogenes

Weil ihr immer etwas wollt, dürft ihr nichts mehr haben.

Karl, 3

DONNERSTAG, 16. OKTOBER

Das beste Geschenk:
Kinder wissen alles
Ein Kalender von Diogenes

Wem gehört das ganze Laub auf dem Boden?

Fritz, 4

FREITAG, 17. OKTOBER

Das beste Geschenk:
Kinder wissen alles
Ein Kalender von Diogenes

Das Zählen hört nie auf.

Bertha, 5

SAMSTAG, 18. OKTOBER

Das beste Geschenk:
Kinder wissen alles
Ein Kalender von Diogenes

Man darf
nicht hauen,
man darf nicht
kratzen, aber
man darf
krähen.
Kikeriki!

Frederik, 3

SONNTAG, 19. OKTOBER

Das beste Geschenk:
Kinder wissen alles
Ein Kalender von Diogenes

Bananen haben eine Schale, damit sie nicht erfrieren.

Marlene, 5

MONTAG, 20. OKTOBER

Das beste Geschenk:
Kinder wissen alles
Ein Kalender von Diogenes

Spaghetti? Ich will aber Nudeln.

Liam, 3

DIENSTAG, 21. OKTOBER

Das beste Geschenk:
Kinder wissen alles
Ein Kalender von Diogenes

Im Spiegel
sehe ich aus
wie ich.

Nora, 5

MITTWOCH, 22. OKTOBER

Das beste Geschenk:
Kinder wissen alles
Ein Kalender von Diogenes

Ich wollte meinen Bruder nicht hauen, das war mein Arm.

Linus, 3

DONNERSTAG, 23. OKTOBER

Das beste Geschenk:
Kinder wissen alles
Ein Kalender von Diogenes

Papa,
kannst du mir
den Mond
vom Himmel
holen?

Linda, 3

Das beste Geschenk:
Kinder wissen alles
Ein Kalender von Diogenes

Nachher
ist auch wieder
jetzt.

Nils, 8

SAMSTAG, 25. OKTOBER

Das beste Geschenk:
Kinder wissen alles
Ein Kalender von Diogenes

Wenn ein
Dieb kommt,
staubsauger
ich ihn weg,
dann liegt er
im Dreck!

Zsófia, 4

SONNTAG, 26. OKTOBER

Das beste Geschenk:
Kinder wissen alles
Ein Kalender von Diogenes

Mama, leise,
Baby im Bauch
besser schlafen.

Nico, 2

MONTAG, 27. OKTOBER

Das beste Geschenk:
Kinder wissen alles
Ein Kalender von Diogenes

Die Straße ist immer etwas dreckig.

Josefine, 5

DIENSTAG, 28. OKTOBER

Das beste Geschenk:
Kinder wissen alles
Ein Kalender von Diogenes

Vögel
können fliegen,
wir sind auf
dem Boden.
Das finde ich blöd.

Theo, 3

MITTWOCH, 29. OKTOBER

Das beste Geschenk:
Kinder wissen alles
Ein Kalender von Diogenes

Mama, alles ist möglich.

Elias, 2

DONNERSTAG, 30. OKTOBER

Das beste Geschenk:
Kinder wissen alles
Ein Kalender von Diogenes

Wenn ich
nicht mehr weiß,
was ich sagen
wollte, sage ich
einfach etwas
anderes.

Mina, 5

FREITAG, 31. OKTOBER

Das beste Geschenk:
Kinder wissen alles
Ein Kalender von Diogenes

Ich war noch nie in meinem Leben müde.

Willem, 4

SAMSTAG, 1. NOVEMBER

Das beste Geschenk:
Kinder wissen alles
Ein Kalender von Diogenes

Wenn man
kalt hat,
tut man
die Jacke
nehmen.

Michael, 3

Das beste Geschenk:
Kinder wissen alles
Ein Kalender von Diogenes

Ich bin
nicht klein,
ich bin ein
Mädchen.

Niya, 3

MONTAG, 3. NOVEMBER

Das beste Geschenk:
Kinder wissen alles
Ein Kalender von Diogenes

Ein König hat einfach sehr viele Sachen.

Nina, 4

DIENSTAG, 4. NOVEMBER

Das beste Geschenk:
Kinder wissen alles
Ein Kalender von Diogenes

Alex hat mir gesagt, dass er mir meine Ehre genommen hat. Ich versteh das nicht. Er hat mir gar nichts weggenommen.

Zoltán, 6

MITTWOCH, 5. NOVEMBER

Das beste Geschenk:
Kinder wissen alles
Ein Kalender von Diogenes

Wenn man ein Hotel hat, muss man gar nicht mehr nach Hause gehen.

Elliot, 4

Das beste Geschenk:
Kinder wissen alles
Ein Kalender von Diogenes

Man spricht nicht über Menschen, die verliebt gegeneinander sind.

Nora, 4

FREITAG, 7. NOVEMBER

Das beste Geschenk:
Kinder wissen alles
Ein Kalender von Diogenes

Joghurt ist Teig aus Milch.

Ilea, 4

SAMSTAG, 8. NOVEMBER

Das beste Geschenk:
Kinder wissen alles
Ein Kalender von Diogenes

Mama sperrt die Türe ab, damit keine Dinos herein-kommen.

Niko, 4

SONNTAG, 9. NOVEMBER

Das beste Geschenk:
Kinder wissen alles
Ein Kalender von Diogenes

Das weiß ich nicht, dazu bin ich nicht gemacht.

Alma, 4

MONTAG, 10. NOVEMBER

Das beste Geschenk:
Kinder wissen alles
Ein Kalender von Diogenes

Du bist nett,
aber warum
bist du so laut?

Alex, 5

DIENSTAG, 11. NOVEMBER

Das beste Geschenk:
Kinder wissen alles
Ein Kalender von Diogenes

Ich kann jetzt nicht deine Schwester sein, ich habe zu tun.

Lotte, 5

MITTWOCH, 12. NOVEMBER

Das beste Geschenk:
Kinder wissen alles
Ein Kalender von Diogenes

Die Regierung sind die Eltern von den Erwachsenen.

Jad, 4

DONNERSTAG, 13. NOVEMBER

Das beste Geschenk:
Kinder wissen alles
Ein Kalender von Diogenes

Manchmal frage ich mich, wo ich bin.

Nicole, 5

FREITAG, 14. NOVEMBER

Das beste Geschenk:
Kinder wissen alles
Ein Kalender von Diogenes

Mama, ich brauche kein Fieber.

Philipp, 3

SAMSTAG, 15. NOVEMBER

Das beste Geschenk:
Kinder wissen alles
Ein Kalender von Diogenes

Kannst du bitte damit aufhören?

Nein, sonst hätte ich ja nicht angefangen.

Laura, 8

Das beste Geschenk:
Kinder wissen alles
Ein Kalender von Diogenes

Die Polizei ist auch am Abend wach.

Karl, 3

MONTAG, 17. NOVEMBER

Das beste Geschenk:
Kinder wissen alles
Ein Kalender von Diogenes

Pizzas sind die besten Kreise.

Samuel, 4

DIENSTAG, 18. NOVEMBER

Das beste Geschenk:
Kinder wissen alles
Ein Kalender von Diogenes

Im Bleistift ist
Blei drin, und
im Buntstift ist
Bunt drin.

Ida, 3

MITTWOCH, 19. NOVEMBER

Das beste Geschenk:
Kinder wissen alles
Ein Kalender von Diogenes

Wenn
ein Fisch sich
die Nase putzt,
wird sein
Taschentuch
nass.

Antonia, 4

DONNERSTAG, 20. NOVEMBER

Das beste Geschenk:
Kinder wissen alles
Ein Kalender von Diogenes

Uropa wohnt
im Himmel,
da können wir
nicht hin,
das ist
zu gefährlich.

Leon, 3

Das beste Geschenk:
Kinder wissen alles
Ein Kalender von Diogenes

Wie viele Wörter sind wohl in der Buchstabensuppe?

Lisa, 7

SAMSTAG, 22. NOVEMBER

Das beste Geschenk:
Kinder wissen alles
Ein Kalender von Diogenes

Wir gehen aufs London Eye.

Ich will aber auf kein Ei!

Frederick, 5

SONNTAG, 23. NOVEMBER

Das beste Geschenk:
Kinder wissen alles
Ein Kalender von Diogenes

Es wird nicht leiser, wenn du schreist.

Hanna, 10

MONTAG, 24. NOVEMBER

Das beste Geschenk:
Kinder wissen alles
Ein Kalender von Diogenes

Ich fühle mich innen pink.

Tobias, 5

Das beste Geschenk:
Kinder wissen alles
Ein Kalender von Diogenes

Es schmeckt
besser, als
es aussieht.

Johanna, 10

MITTWOCH, 26. NOVEMBER

Das beste Geschenk:
Kinder wissen alles
Ein Kalender von Diogenes

Wer hat denn den ersten Mensch geboren?

Sami, 3

DONNERSTAG, 27. NOVEMBER

Das beste Geschenk:
Kinder wissen alles
Ein Kalender von Diogenes

Wir haben
am Anfang
viel mitgemacht,
dann haben wir
nicht mehr so viel
mitgemacht.

Michelle, 3

FREITAG, 28. NOVEMBER

Das beste Geschenk:
Kinder wissen alles
Ein Kalender von Diogenes

Du hast was in deinem Kopf verloren.

Milan, 3

SAMSTAG, 29. NOVEMBER

Das beste Geschenk:
Kinder wissen alles
Ein Kalender von Diogenes

Dagegen bin ich ein Riesling.

Coco, 6

SONNTAG, 30. NOVEMBER

Das beste Geschenk:
Kinder wissen alles
Ein Kalender von Diogenes

Wenn ich mitkomme, dann komme ich mit schlechter Laune mit.

Paul, 6

MONTAG, 1. DEZEMBER

Das beste Geschenk:
Kinder wissen alles
Ein Kalender von Diogenes

Wenn
man krank war
und wieder
gesund ist, will
man nicht mehr
in den
Kindergarten.

Hanna, 4

DIENSTAG, 2. DEZEMBER

Das beste Geschenk:
Kinder wissen alles
Ein Kalender von Diogenes

Ein Stern
ist schön,
aber man
kann nicht
mit ihm
sprechen.

Rémi, 4

MITTWOCH, 3. DEZEMBER

Das beste Geschenk:
Kinder wissen alles
Ein Kalender von Diogenes

Früher habe ich Fleisch geliebt, heute nur noch noch Chicken Nuggets, Salami und Wiener.

Clara, 6

DONNERSTAG, 4. DEZEMBER

2026 kann nicht langweilig werden mit unserem neuen Kalender – besuchen Sie doch mal wieder Ihre Lieblingsbuchhandlung.

Das beste Geschenk:
Kinder wissen alles
Ein Kalender von Diogenes

Ich bin so müde, ich glaube, ich werde alt.

Anton, 3

FREITAG, 5. DEZEMBER

Das beste Geschenk:
Kinder wissen alles
Ein Kalender von Diogenes

Sei wütend,
aber nicht
so laut.

Ben, 9

SAMSTAG, 6. DEZEMBER

Das beste Geschenk:
Kinder wissen alles
Ein Kalender von Diogenes

Ich würde dir gern einen schönen Gedanken schenken.

Lars, 7

SONNTAG, 7. DEZEMBER

Das beste Geschenk:
Kinder wissen alles
Ein Kalender von Diogenes

Ich weine, weil ich Tränen habe.

Pippa, 3

MONTAG, 8. DEZEMBER

Das beste Geschenk:
Kinder wissen alles
Ein Kalender von Diogenes

Wenn ich
keine anderen
Freunde hätte,
wärst du mein
bester Freund.

Levi, 6

DIENSTAG, 9. DEZEMBER

Das beste Geschenk:
Kinder wissen alles
Ein Kalender von Diogenes

Ich heirate
einen Eisbär.
Ist mir egal.

Pia, 6

MITTWOCH, 10. DEZEMBER

Das beste Geschenk:
Kinder wissen alles
Ein Kalender von Diogenes

Spielzeug
gibt es bei
der Post,
sie bringt es
oft zu uns
nach Hause.

Lola, 5

DONNERSTAG, 11. DEZEMBER

Das beste Geschenk:
Kinder wissen alles
Ein Kalender von Diogenes

Ich hab dich gehört, aber ich habe mich anders entschieden.

Nils, 5

FREITAG, 12. DEZEMBER

Das beste Geschenk:
Kinder wissen alles
Ein Kalender von Diogenes

Schreiben ist
wie malen,
nur ernster.

Stipe, 5

SAMSTAG, 13. DEZEMBER

Das beste Geschenk:
Kinder wissen alles
Ein Kalender von Diogenes

Alter, Mama, wie schaffst du das?

Lea, 5

SONNTAG, 14. DEZEMBER

Das beste Geschenk:
Kinder wissen alles
Ein Kalender von Diogenes

Er ist erkältet,
der Computer
hat ihn mit
einem Virus
angesteckt.

Philipp, 6

MONTAG, 15. DEZEMBER

Das beste Geschenk:
Kinder wissen alles
Ein Kalender von Diogenes

Ich hab
am liebsten
weißen
Brokkoli.

Julia, 8

DIENSTAG, 16. DEZEMBER

Das beste Geschenk:
Kinder wissen alles
Ein Kalender von Diogenes

Wenn ich groß bin, werde ich Weihnachtsmann, dann arbeite ich nur einmal im Jahr.

Pepe, 4

MITTWOCH, 17. DEZEMBER

Das beste Geschenk:
Kinder wissen alles
Ein Kalender von Diogenes

Fahrräder verbrauchen weniger Benzin, weil sie nur zwei Räder haben.

Julia, 5

DONNERSTAG, 18. DEZEMBER

Das beste Geschenk:
Kinder wissen alles
Ein Kalender von Diogenes

Ich bin klein,
du musst
dir nicht so
große Sorgen
machen.

Denis, 5

FREITAG, 19. DEZEMBER

Das beste Geschenk:
Kinder wissen alles
Ein Kalender von Diogenes

Wenn man klug ist, darf man Film schauen. Sonst muss man lesen.

Rebecca, 5

SAMSTAG, 20. DEZEMBER

Das beste Geschenk:
Kinder wissen alles
Ein Kalender von Diogenes

Nicht googeln, ich will zuerst nachdenken.

Zola, 8

SONNTAG, 21. DEZEMBER

Mama,
ich komm
da nicht ran,
ich bin
zu mittel.

Jonas, 3

MONTAG, 22. DEZEMBER

Das beste Geschenk:
Kinder wissen alles
Ein Kalender von Diogenes

Wir müssen öfter das Gleiche wollen, dann streiten wir uns nicht.

Anna, 7

DIENSTAG, 23. DEZEMBER

Das beste Geschenk:
Kinder wissen alles
Ein Kalender von Diogenes

Weiß das Christkind, dass ich Schokokekse mag?

Vincent, 5

MITTWOCH, 24. DEZEMBER

Das beste Geschenk:
Kinder wissen alles
Ein Kalender von Diogenes

Der Weihnachtsmann ist eine Frau, von Papa bekomme ich nie Geschenke.

Ella, 4

DONNERSTAG, 25. DEZEMBER

Das beste Geschenk:
Kinder wissen alles
Ein Kalender von Diogenes

Süßigkeiten sind kein Zucker, es sind Süßigkeiten.

Moritz, 5

FREITAG, 26. DEZEMBER

Das beste Geschenk:
Kinder wissen alles
Ein Kalender von Diogenes

Du hast Lametta in den Haaren.

Johanna, 8

SAMSTAG, 27. DEZEMBER

Das beste Geschenk:
Kinder wissen alles
Ein Kalender von Diogenes

Alle Menschen mögen Schnee.

Tobias, 4

SONNTAG, 28. DEZEMBER

Das beste Geschenk:
Kinder wissen alles
Ein Kalender von Diogenes

Nicht nur Omas und Opas haben eine Brille, auch normale Menschen.

Coco, 5

MONTAG, 29. DEZEMBER

Das beste Geschenk:
Kinder wissen alles
Ein Kalender von Diogenes

Man könnte auch was machen.

Daniel, 5

DIENSTAG, 30. DEZEMBER

Das beste Geschenk:
Kinder wissen alles
Ein Kalender von Diogenes

Heute bin ich
an Silvester
mal fröhlich.

Mina, 3

MITTWOCH, 31. DEZEMBER

Das beste Geschenk:
Kinder wissen alles
Ein Kalender von Diogenes